OBJETS D'ART

ET

D'AMEUBLEMENT

PORCELAINES DE CHINE ET DE SÈVRES

Tapisseries

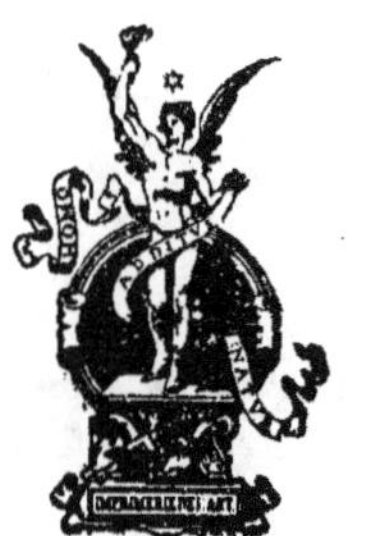

CATALOGUE

DES

OBJETS D'ART

ET D'AMEUBLEMENT

PORCELAINES DE LA CHINE ET DU JAPON

Porcelaines de Sèvres, pâte tendre

PORCELAINES, BISCUITS ET FAIENCES VARIÉS

MINIATURES, OBJETS DE VITRINE, ORFÈVRERIE

ARMES, OBJETS VARIÉS

Jades et Cristaux de roche de la Chine

SCULPTURES, PENDULES, BRONZES

MEUBLES

Tapisseries

DONT LA VENTE AURA LIEU

HOTEL DROUOT, SALLE N° 6

Les Mardi 28 Février et Mercredi 1er Mars 1899

A DEUX HEURES

COMMISSAIRE-PRISEUR	EXPERTS
M° P. CHEVALLIER	MM. MANNHEIM
10, rue Grange-Batelière, 10	7, rue Saint-Georges, 7

EXPOSITION PUBLIQUE

Le Lundi 27 Février 1899, de 1 heure 1/2 à 5 heures 1/2

CONDITIONS DE LA VENTE

Elle sera faite au comptant.

Les acquéreurs paieront *cinq pour cent* en sus des adjudications.

L'exposition mettant le public à même de se rendre compte de l'état et de la nature des objets, il ne sera admis aucune réclamation une fois l'adjudication prononcée.

Paris. — Imp. de l'Art. E. Moreau et Cie, 41, rue de la Victoire.

DÉSIGNATION DES OBJETS

PORCELAINES DE LA CHINE

ET DU JAPON

1 — Garniture de cinq pièces, trois potiches avec couvercles et deux cornets, en ancienne porcelaine de Chine, décor bleu : compartiments de branches fleuries.

2 — Paire de vases-rouleaux en ancienne porcelaine de Chine, décor bleu : branches fleuries et lambrequins.

3 — Bouteille en ancienne porcelaine de Chine, décor bleu : réserves d'ustensiles et branches fleuries sur fond carrelé.

4 — Petit pot ovoïde, décor bleu : compartiments de branches fleuries. Ancienne porcelaine de Chine.

5 — Plat à bords festonnés en ancienne porcelaine de Chine, décor bleu : rochers, fleurs et oiseaux ; chute et marli à compartiments de fleurs.

6 — Plat creux en ancienne porcelaine de Chine, décor bleu : rinceaux fleuris.

7 — Grosse potiche avec couvercle, en ancienne porcelaine de Chine, décor bleu : arbustes et paysages.

8 — Vase-lancelle en ancienne porcelaine de Chine, décor bleu : rinceaux fleuris.

9 — Paire de potiches en ancienne porcelaine de Chine, décor bleu de paysages ; col orné de lambrequins.

10 — Plat creux, à bords ajourés, décoré d'un paysage en bleu. Ancienne porcelaine de Chine.

(*Vente Marquis.*)

11 — Deux plats en ancienne porcelaine de Chine,

décor bleu : scène familiale; marli carrelé.
Époque des Mings.

12 — Quatre petits plats creux en ancienne porcelaine de Chine, décor bleu : fleurs et papillons;
chute à entrelacs.

13 — Pot ovoïde en ancienne porcelaine de Chine,
décor bleu : réserves contenant des enfants, et
fleurs.

14 — Jardinière ronde en ancienne porcelaine de
Chine, décor bleu : poissons.

15 — Petit pot ovoïde avec couvercle, en ancienne
porcelaine de Chine, décor bleu : oiseaux.

16 — Petit pot ovoïde avec son couvercle, en ancienne porcelaine de Chine, décor bleu : réserves
d'ustensiles sur fond bleu caillouté chargé de
fleurs.

17 — Jardinière ronde en ancienne porcelaine de
Chine, décor bleu : paysages.

18 — Petit pot ovoïde en ancienne porcelaine de
Chine, décor bleu : fleurs sur fond bleu caillouté.
Couvercle en bois.

19 — Autre pot analogue, mais plus petit.

20 — Grand bassin rond, décor bleu : paysages et fleurs. Ancienne porcelaine de Chine.

21 — Panse de bouteille en ancienne porcelaine de Chine, décor bleu : personnages.

22 — Assiette en ancienne porcelaine de Chine, décor bleu : kiosque et personnage.

23 — Paire de grandes coupes avec leurs couvercles, en ancienne porcelaine de Chine, à décor rouge de fer et or : fleurs et arbustes.

24 — Paire de grands vases en ancienne porcelaine de Chine, ornés de zones, les unes en céladon gris verdâtre, les autres à décor bleu de paysages animés.

25 — Plat creux en ancienne porcelaine de Chine, famille verte : réserves et branches fleuries, et insectes.

26 — Petit plat en ancienne porcelaine de Chine, famille verte : oiseaux et fleurs.

27 — Fontaine d'applique en ancienne porcelaine de Chine, famille verte : fleurs rehaussées d'or.

28 — Potiche en ancienne porcelaine de Chine, famille verte, à décor de personnages.

29 — Petit plat creux en ancienne porcelaine de Chine, famille verte : branches fleuries.

30 — Petit plat creux en ancienne porcelaine de Chine, famille verte ; fleurs ; revers à fond chamois.

31 — Théière avec son couvercle, en ancienne porcelaine de Chine, famille verte : fleurs et oiseaux.

32 — Deux petites potiches en ancienne porcelaine de Chine, famille verte : scènes familiales.

33 — Bol en ancienne porcelaine de Chine, famille verte, décor d'arbustes et d'oiseaux.

34 — Bouteille en ancienne porcelaine de Chine, famille verte : corbeilles de fleurs. Collerette en bronze.

35 — Plat long en ancienne porcelaine de Chine, famille verte : personnages ; marli orné de papillons.

36 — Deux plats en ancienne porcelaine de Chine,

famille rose : fleurs et rochers sur un rouleau déplié.

37 — Petit bol en ancienne porcelaine mince de la Chine, famille rose : personnages.

38 — Petit bol en ancienne porcelaine de Chine, famille rose : fleurs sur fond rouge d'or.

39 — Paire de chimères porte-fleurs, en ancienne porcelaine de Chine émaillée sur biscuit en jaune, vert et violet.

(Vente Beurdeley.)

40 — Gourde en ancien céladon gris, gravée sous couverte, à décor de rinceaux. Chine.

41 — Vase-balustre quadrilatéral, à couverte gros-bleu ; anses mufles chimériques. Ancienne porcelaine de Chine.

42 — Cornet émaillé bleu-empois. Ancienne porcelaine de Chine.

43 — Paire de petits vases demi-coquille, personnages dans des réserves sur fond chargé de rinceaux dorés. Ancienne porcelaine de Chine.

44 — Grosse potiche avec son couvercle en ancienne
porcelaine de Chine, décor doré de fleurs et
papillons sur fond bleu.

45 — Vase - lancelle en ancienne porcelaine de
Chine, à décor doré d'oiseaux et de dragons sur
fond bleu-soufflé.

46 — Vase - rouleau en ancienne porcelaine de
Chine, à décor de compartiments à paysages
dorés sur fond bleu-soufflé.

47 — Bouteille en ancienne porcelaine de Chine,
décorée, sur la panse, d'une zone ornée de personnages et comprise entre deux zones, l'une
émaillée gris verdâtre, l'autre couleur bronze ;
anses têtes d'éléphants.

(*Vente Jaurès.*)

48 — Seau, à décor bleu de fleurs, rosaces et ustensiles. Chine.

49 — Grosse bouteille flambée, à décor de pêches
en relief. Chine.

50 — Vase à panse ovoïde en ancienne porcelaine
de Chine flambée.

51 — Vase ovoïde à col étroit en ancienne porcelaine de Chine flambée et décorée de grecques et lambrequins.

52 — Jardinière en ancienne porcelaine de Chine, à décor de rinceaux fleuris gravés sous couverte.

53 — Paire de jardinières hexagones, en ancien céladon bleu-empois de la Chine, à décor de fleurs gaufrées sous couverte.

(*Vente Beurdeley.*)

54 — Pot à lait avec son couvercle en ancienne porcelaine de Chine, décor de fleurs sur fond capucin.

55 — Paire de petits vases-appliques en ancienne porcelaine de Chine, famille rose : personnages ; fond rouge-corail.

56 — Bouteille flambée violet, en ancienne porcelaine de Chine.

57 — Pitong décoré en relief et à couverte jaune : chèvres et arbustes. Ancienne porcelaine de Chine.

58 — Gobelet en ancienne porcelaine de Chine
réticulée à jour ; décor rouge de fer et or.

59 — Vase octogone, zone réservée en biscuit brun.
Ancienne porcelaine de Chine.

60 — Assiette, ancienne porcelaine de Chine :
réserves de fleurs ; fond capucin.

61 à 64 — Quatre petites tasses variées, dont trois
avec soucoupes, en ancienne porcelaine de
Chine.

65 — Tasse en ancienne porcelaine de Chine
émaillée vert, jaune et violet.

66 — Tasse en ancienne porcelaine de Chine,
décor bleu : compartiments de fleurs.

67 — Petit vase en ancienne porcelaine de Chine,
flambé rouge-haricot.

68 — Petit vase en ancienne porcelaine de Chine,
émaillé bleu.

69 — Potiche en ancienne porcelaine du Japon,
décor bleu, rouge et or : fleurs sur fond gros-
bleu carrelé or.

70 — Potiche en ancienne porcelaine du Japon, décor polychrome : réserves de branches de chrysanthèmes sur fond carrelé.

71 — Coupe avec son couvercle en ancienne porcelaine du Japon, décor bleu, rouge et or : personnages et fleurs.

72 — Petite coupe avec son couvercle en ancienne porcelaine du Japon, décor de fleurs; garniture argent.

73 — Petite tasse en ancienne porcelaine du Japon, décor de paysage ; anse en argent.

74 — Fontaine en porcelaine du Japon, émaillée gris verdâtre; couvercle en argent.

75 — Cornet en ancienne porcelaine du Japon, décor bleu, rouge et or : fleurs.

76 — Deux statuettes de personnages assis, en ancienne porcelaine du Japon.

77 — Flacon quadrilatéral en ancienne porcelaine du Japon, décor bleu, rouge et or : branches fleuries.

78 — Plateau cintré en ancienne porcelaine du
Japon, décor bleu, rouge et or : arbuste.

79 — Quatre plateaux, forme éventail, en ancienne
porcelaine du Japon, décor d'arbustes et quadrillés.

80 — Deux bols à bords festonnés, décor de rochers
et fleurs. Japon.

81 — Deux petits cornets en ancienne porcelaine
du Japon, décor de fleurs ; garnitures de bronze.

82 — Assiette. Chine moderne.

PORCELAINE ET BISCUITS VARIÉS

83 — Partie de service en ancienne porcelaine
tendre de Sèvres, présentant le monogramme
L. C. exécuté au moyen de fleurs, des corbeilles,
des couronnes de laurier, des médaillons
contenant des amours, avec bordures à fond
bleu : trois seaux en deux dimensions, un double
fond avec couvercle, un légumier, quatre com-
potiers-coquilles et douze assiettes creuses.
Année 1772.

84 — Écuelle avec son plateau et son couvercle en ancienne porcelaine tendre de Sèvres, à décor de jetés de fleurs; bordures de filets bleus. Année 1772.

85 — Écuelle avec son plateau et son couvercle en ancienne porcelaine tendre de Sèvres, à décor de réserves de fruits et de fleurs sur fond bleu-turquoise rehaussé d'or.

86 — Écuelle, son plateau et son couvercle, en ancienne porcelaine tendre de Sèvres, à décor de guirlandes de fleurs; bordures émaillées bleu-turquoise.

87 — Deux plats creux ovales en ancienne porcelaine tendre de Sèvres, décor dit feuille de chou et jeté de fleurs.

88 — Neuf compotiers ronds en ancienne porcelaine tendre de Sèvres, décor dit feuille de chou et jeté de fleurs.

89 — Tasse droite et sa soucoupe en ancienne porcelaine tendre de Sèvres, décorées de médaillons d'oiseaux sur fond bleu de Roi, rehaussé de dorure. Année 1777. Décor par *Evans* et *Boucot*.

90 — Tasse droite et sa soucoupe en ancienne porcelaine tendre de Sèvres, à décor de rosaces et
feuillages dorés sur fond bleu de Roi, avec bordures de pois émaillés blanc.

91 — Tasse droite et soucoupe en ancienne porcelaine tendre de Sèvres, à sujets champêtres sur
fond bleu de Roi, rehaussé de lambrequins et
quadrillés dorés. Décor par *Chabry*.

92 — Tasse droite et sa soucoupe en ancienne porcelaine tendre de Sèvres, à décor de bouquets
de roses et de groupes d'oiseaux séparés par
des draperies et des pendentifs. Décor par
Evans.

93 — Tasse obconique en ancienne porcelaine tendre
de Sèvres, décorée d'une réserve contenant une
fillette tenant des fruits et se détachant sur fond
vert. Année 1756. Décor par *Viellard*.

94 — Tasse droite en porcelaine tendre, ornée d'un
amour; fond bleu-turquoise.

95 — Huit tasses et huit soucoupes en ancienne porcelaine tendre de Sèvres, décorées de bouquets
et jetés de fleurs en camaïeu bleu.

96 — Pot de toilette cylindrique avec couvercle en ancienne porcelaine tendre de Sèvres, à décor de paysages. Année 1758.

97 — Flacon à thé en ancienne porcelaine tendre de Sèvres, décoré de réserves de couronnes de fleurs sur fond bleu de roi.

98 — Petit plateau en ancienne porcelaine tendre de Sèvres, décoré de deux réserves contenant des oiseaux et se détachant sur un fond bleu de Vincennes caillouté d'or. Décor par *Chapuis aîné*.

99 — Soucoupe en ancienne porcelaine tendre de Sèvres, décorée, au fond, d'attributs de la royauté en grisaille et, à la chute, de rinceaux dorés sur champ bleu de roi.

100 — Aiguière en ancienne porcelaine tendre de Vincennes, décorée des jetés de fleurs. Année 1754.

101 — Petite frise en ancien biscuit de Sèvres, ornée de cinq amours personnifiant les Sciences et se détachant en blanc et en relief sur fond bleu.

102 — Deux corbeilles ajourées, en porcelaine tendre, émaillées rose et vert.

103 — Groupe en ancienne porcelaine de Hœchst : jeune femme assise au pied d'un arbre; auprès d'elle, deux personnages debout.

104 — Groupe en ancienne porcelaine italienne : danseur et danseuse.

105 — Deux groupes en biscuit de Sèvres, époque Louis XVI : scènes familiales à quatre personnages. L'un d'eux porte la marque de *Le Riche*.

106 — Tasse obconique, décorée d'oiseaux. Ancienne porcelaine de Mennecy.

107 — Sucrier avec couvercle et plateau rond, en ancienne porcelaine de Mennecy, décor d'oiseaux et paysage animé.

108 — Groupe de deux personnages : jeune femme et adolescent, debout. Ancienne porcelaine de Frankenthal.

109 — Salière ornée d'une figurine de femme, en ancienne porcelaine de Frankenthal.

**

110 — Figurine en ancienne porcelaine de Saxe :
l'Europe.

111 — Sucrier à décor de fleurs. Ancienne porcelaine de Saxe.

112 — Cafetière avec couvercle, décor de fleurs.
Ancienne porcelaine de Saxe.

113 — Vase-pot-pourri avec couvercle, en ancienne
porcelaine de Saxe, décor de fleurs ; anses-bran-
chages.

114 — Moutardier avec couvercle et cuiller, à décor
de fleurs, en porcelaine de Saxe.

115 — Drageoir en ancienne porcelaine de Saxe, à
décor de vues de ports de mer ; intérieur doré.

116 — Tasse et soucoupe, décor d'oiseaux et de
fruits. Ancienne porcelaine de Hœchst.

117 — Tasse et soucoupe, fleurs. Ancienne porcelaine de Hœchst.

118 — Sucrier avec couvercle, décor de fleurs.
Ancienne porcelaine de Mennecy.

119 — Deux pots de fleurs, décor d'oiseaux, en an-

cienne porcelaine de Paris, manufacture du duc
d'Angoulême.

120 — Théière avec couvercle en ancienne porcelaine de Paris, manufacture du faubourg Saint-
Lazare.

121 — Écuelle avec couvercle et plateau, décor de
coupes et de guirlandes, fond vert. Locré.

122 — Grande tasse avec soucoupe : allégorie.
Dagoty.

123 — Tasse avec soucoupe, à réserves. Halley.

124 — Tasse avec soucoupe, fond violet. Nast.

125 — Six tasses droites avec soucoupes, en porcelaines variées. Commencement du XIXᵉ siècle.

126 — Pot à lait, fond flambé, Sèvres dur. Commencement du XIXᵉ siècle.

127 — Deux petits vases en biscuit, décor d'attributs. Commencement du XIXᵉ siècle.

128 — Deux figurines : marchand et paysanne, en
ancien biscuit.

129 — Pot de toilette avec couvercle, en ancienne porcelaine de Mennecy, décor bleu de fleurettes.

130 — Petit groupe en biscuit, du temps de Louis XV : Bacchus et Cérès.

131 — Statuette d'Oriental debout, en biscuit.

132 — Petit vase avec couvercle, en porcelaine tendre ; décor de fleurs et côtes obliques émaillées bleu.

133 — Petite boîte en porcelaine, décor en camaïeu rose.

134 — Deux coupes sur piédouches et avec couvercles en porcelaine : fleurs sur fond bleu-turquoise.

135 — Assiette, Sèvres moderne surdécoré.

FAIENCES

136 — Deux petits groupes d'enfants. Ancienne faïence de Lorraine.

137 — Statuette de jardinier. Ancienne faïence de
Lorraine.

138 — Statuette de vieillard. Ancienne faïence de
Lorraine.

139 — Statuette de la Muse de la Musique. Ancienne
faïence de Lorraine.

140 — Plat en ancienne faïence hispano-mo-
resque : animal et fleurs.

141 — Plat en ancienne faïence hispano-mo-
resque : oiseau et fleurs.

142 — Groupe en ancienne terre de Lorraine :
Henri IV et Sully. Socle enguirlandé.

(Vente Beurdeley.)

143 — Deux plateaux en ancienne faïence de Car-
telli : paysage et sujet saint.

144 — Fontaine d'applique en ancienne faïence de
Rouen : fleurs.

145 — Petit vase cylindrique en céramique, décor
doré en relief : amours.

146 — Petit vase en céramique, orné de fleurs émaillées rouge.

147 — Jardinière-applique en poterie carrelée vert et bleu.

148 — Bouteille en grès flambé du Japon.

149 — Vase cylindrique en grès flambé du Japon.

150 — Seau en poterie du Japon, décor de fleurs et oiseaux ; anse en argent.

151 — Théière, boccaro, décor de médaillons. Chine.

152 — Statuette de mendiant en céramique émaillée noir. Chine.

MINIATURES, OBJETS DE VITRINE
ORFÈVRERIE

153 — Miniature rectangulaire, par *A. Chaneau*, (Signée) : Portrait d'homme assis, coiffé de la perruque Louis XIV, tenant d'une main un livre, de l'autre une plume ; auprès de lui, un aigle ; fond de paysage. XVIIe siècle.

154 — Miniature rectangulaire sur ivoire : groupe de neuf personnages en diverses attitudes. Commencement du XIXe siècle. Cadre en cuivre.

155 — Miniature ronde sur ivoire : Portrait de jeune femme en costume Louis XVI, corsage violet décolleté et fichu noué sur les épaules. Cadre en cuivre.

156 — Miniature ronde sur ivoire : Jeune Femme à mi-corps, de face, à moitié nue et tenant une colombe. Cadre en bronze.

157 — Miniature ronde sur ivoire : Portrait de femme, en buste, de face, vêtue d'un corsage Louis XV blanc et de rubans bleus. Cadre en cuivre.

158 — Miniature ronde sur ivoire : Portrait de jeune femme assise, en corsage Louis XVI crème décolleté, jupe bleue, tenant des roses sur les genoux. Cadre en argent, à filet émaillé bleu.

159 — Miniature sur ivoire : Baigneuse, nue, assise au bord d'un ruisseau ; elle s'essuie les jambes d'un linge étendu à terre. Cadre en cuivre.

160 — Miniature ovale sur ivoire : Vénus et l'Amour ; fond de paysage. On y lit : *Lagrenée 1784.*

161 — Miniature ovale sur ivoire : Flore embrassée par l'Amour. Cadre en bronze.

162 — Cinq boucles variées pavées de stras et montées argent. XVIII° siècle.

163 — Paire de boucles d'oreilles, verroterie, montées argent. XVIII° siècle.

164 — Miniature : Portrait de femme en costume Renaissance. Encadrée.

165 — Statuette en argent : Diane, de *Falguière*. Maison *Thiébaut*

166 — Figurine en argent : Junon, de *Falguière*. Maison *Thiébaut*

167 — Porc en argent. Maison *Froment-Meurice*.

168 — Broche ovale pavée de stras et montée argent.

169 — Étui-nécessaire formant lorgnette en ancien émail de Saxe, fond vert : personnages et fleurettes.

170 — Montre ovale en cuivre ajouré : rinceaux et sujets de chasse. XVII° siècle.

171 — Lunette, décorée au vernis, à fond rouge. Commencement du XIXe siècle.

172 — Paire de chandeliers à douille et base godronnées en argent. Ancien travail anglais.

173 — Paire de pendants d'oreilles enrichis de roses montées or et argent.

OBJETS VARIÉS

174 — Étui cylindrique peint sur corne et garni argent. Époque Louis XV.

175 — Pulvérin en corne de cerf sculpté, à décor de buste, armoiries et personnages en costumes Renaissance.

176 — Deux verres à pieds tors. Ancien travail vénitien.

177 — Verre à pied travaillé à la pince. Ancien travail vénitien.

178 — Verre à pied incolore. Ancien travail vénitien.

179 — Sucrière en cristal taillé à pans. XVIIe siècle.

180 — Carafe en verre rose.

181 —. Aumônière en velours vert brodé d'argent, à fleurs de lis. XVIIIe siècle.

182 — Deux gouaches : vues de villes avec cours d'eau et barques. Époque Louis XVI. Encadrées.

183 — Panneau en bois peint orné d'un buste de Marie-Antoinette.

184 — Poignée en fer, à décor de feuilles et mascarons. XVIIe siècle.

185 — Grande boîte octogone à trois compartiments superposés en ancien laque d'or du Japon, à paysages.

186 — Boîte carrée à trois compartiments superposés en ancien laque du Japon, à fleurs sur fond noir poudré d'or.

187 — Deux petits écrans en bois ajouré, décorés de plaques d'ancien émail cloisonné et de jade blanc. Chine.

188 — Pitong en jade vert de la Chine, sculpté à paysage animé. Socle en bois de fer.

189 — Figurine de personnage en cristal de roche. Chine.

190 — Petit groupe de singes en cristal de roche-améthyste. Chine.

191 — Coupe ronde en agate orientale mamelonnée, à anses prises dans la masse. Chine.

192 — Coupe à bords festonnés en agate orientale mamelonnée, à anses prises dans la masse. Chine.

193 — Tasse et soucoupe, en émail cloisonné à fond bleu. Chine.

194 — Deux flacons en verre, bouchons d'argent doré. XVIIIe siècle.

195 — Grand flacon en verre. XVIIIe siècle.

196 — Huilier en plaqué, burettes de verre. Commencement du XIXe siècle.

197 — Fusil à silex, à crosse de forme contournée, canon en damas frisé damasquiné or; garnitures de crosse émaillées. Travail indien.

198 — Kathar indien en fer, damasquiné or, garnitures de fourreau également damasquinées.

199 — Dague incrustée d'argent, avec traces de dorure, à décor de motifs Renaissance.

200 — Pulvérin-en corne de cerf sculptée, à décor
de personnages en costumes Renaissance ; garnitures de fer avec traces de dorure.

201 — Petite boîte plate en fer ciselé, décorée d'attributs, d'une fleur de lys, de rinceaux et de
motifs Louis XIII.

202 — Hanap en étain, à décor de figures allégo-
riques et d'entrelacs.

203 — Boucle de ceinture en fer partiellement doré,
à décor de feuillages Renaissance et de figure.

204 — Crochet en fer partiellement doré, à feuillages Renaissance et grotesque.

205 — Vase en granit vert.

206 — Deux petits socles, l'un en marbre de couleur, l'autre en albâtre onyx d'Algérie.

207 — *Exposition Meissonier*, 1 vol. avec planches,
Paris, 1893.

208 — Jardinière ronde avec plateau, en cristal
taillé.

SCULPTURES

209 — Statuette en terre cuite : Neptune debout. xviiie siècle.

(*Vente Beurdeley.*)

210 — Deux groupes en terre cuite : l'Été et l'Hiver. xviiie siècle.

(*Vente d'Alcochète.*)

211 — Buste en marbre de couleur de Minerve, vêtue d'une cuirasse ornée d'une tête de bélier et coiffée d'un casque surmonté d'un serpent.

212 — Buste en marbre blanc plus grand que nature : la sibylle Érythrée. xviie siècle.

213 — Buste de jeune fille, en pierre noire, de style antique ; grandeur nature.

PENDULES, BRONZES

214 — Pendule Louis XIV, sur socle-applique, en marqueterie de cuivre sur écaille, avec garnitures de bronze ; décor de mascarons, chutes, encadrements, statuette de Renommée ; cadran de cuivre.

215 — Pendule, de la fin du xviiie siècle, en bronze doré et marbre blanc et noir ; le mouvement, surmonté d'une statuette de Minerve en ancien biscuit de Locré, est placé entre deux colonnettes surmontées de bouquets et reposant sur des bases ornées de trophées. Cadran signé : *Lamiral J[ne], à Paris.*

216 — Cartel en bois sculpté, décor de colonnettes et mufle de lion.

217 — Pendule en bronze, à patine brune et marbre, ornée de deux statuettes : Vénus et Apollon. Commencement du xixe siècle.

218 — Paire de girandoles en bronze, à six lumières, décor de feuillages. Époque Restauration.

219 — Pendule en bronze et marbre, décorée d'un groupe : Un des chevaux de Marly. Époque Restauration.

220 — Lustre en bronze, à quatre lumières, à décor de guirlandes et feuillages. Commencement du xixe siècle.

221 — Buste, en bronze, de la Vierge portant l'Enfant Jésus. xviie siècle.

(Vente d'Alcochète.)

222 — Bas-relief en bronze : Cerf sautant par-dessus un tronc d'arbre.

223 — Buste de Colombine, en bronze, de *Van der Straeten*.

224 — Buste du peintre Feyen-Perrin, en bronze, grandeur nature. Signé : *H. Moulin*.

225 — Coupe en bronze damasquiné. Chine.

226 — Brûle-parfums aux trois Grâces. Bronze de Barye. Ancienne épreuve.

227 — Aigle, bronze de Barye. *Maison Barbedienne*.

228 — Chat, en bronze, de *Frémiet*.

229 — Statuette, en bronze patiné en couleur : danseuse, de *Jérôme*.

230 — Deux petits lions, en bronze.

231 — Statuette de femme Hindoue, en bronze.

232 — Petit buste d'homme, en bronze, d'après l'antique.

233 — Groupe, en bronze : Nymphe et Satyre, d'après *Clodion*.

234 — Écritoire Empire, en bronze vert, base en marbre.

235 — Bas-relief, en bronze : Salomon et la reine de Saba.

236 — Plaquette, en bronze : Persée.

237 — Plaquette, en bronze : Combat de cavaliers.

238 — Plaquette, en bronze : Sujet mythologique.

IMEUBLES

239 — Meuble d'entre-deux, du temps de Louis XVI, fermant à deux portes, en marqueterie d'ébène et cuivre, garni de quelques ornements de bronze rapportés et à dessus de marbre vert de mer.

Larg., 1 m. 12 cent.

240 — Console Louis XVI, à quatre pieds cannelés en bois d'acajou, reliés par une entretoise et à bandeau en citronnier ; moulures de cuivre poli et dessus de marbre blanc veiné.

Larg., 82 cent.

241 — Bureau à cylindre, du temps de Louis XVI, en bois d'acajou avec dessus en marbre broca-

telle d'Espagne, et garni de bronzes ciselés et dorés qui ont été rapportés.

Larg., 1 m. 30 cent.

242 — Commode Louis XVI, à trois rangs de tiroirs en bois rose, garnie de chutes d'animaux et de sabots en bronze. Quelques-uns de ces ornements ont été rapportés. Dessus de marbre.

Larg., 1 m. 26 cent.

243 — Commode Louis XVI, en bois rose et marqueterie, à trois rangs de tiroirs et à dessus de marbre.

Larg., 1 m. 12 cent.

244 — Commode Louis XVI, à trois rangs de tiroirs en marqueterie de bois à fleurs, trophées d'instruments de musique et frise à rosaces. Elle est garnie de quelques ornements de bronze qui ont été rapportés et elle a un dessus de marbre.

Larg., 1 m. 10 cent.

245 — Console Louis XVI, en acajou, à côtés cintrés et rentrants, à quatre pieds cannelés et tablette d'entre-jambes. Les bronzes qui la gar-

nissent ont été rapportés en partie et elle a un dessus formé d'une tablette de marbre brocatelle d'Espagne.

Larg., 1 m. 30 cent.

246 — Table tric-trac en bois d'acajou, incrusté de filets et de cannelures de cuivre. Époque Empire.

247 — Petit médaillier du xviiie siècle, fermant à deux portes, en marqueterie de bois. Il repose sur une table moderne garnie de chutes en bronze ciselé et doré.

Larg., 58 cent.

248 — Petit secrétaire droit, du temps de Louis XVI, en bois d'acajou et montants cannelés. L'intérieur est d'époque postérieure et les bronzes ciselés et dorés ont été rapportés. Dessus de marbre brocatelle d'Espagne.

Larg., 88 cent.

249 — Écran Régence en bois sculpté, à décor de mascaron, feuillages, quadrillés et monogramme couronné : feuille en tapisserie au point à personnages et fleurs.

250 — Deux petits miroirs biseautés, cadres en glace et cuivre repoussé, à décor de rinceaux, mascarons et fruits.

251 — Glace dans un cadre Louis XIV en bois
sculpté et doré, à fronton, décor d'oiseaux et
quadrillés.

252 — Trois étagères en bois ajouré.

253 — Socle à trois places, bois de fer et marbre.
Chine.

254 — Secrétaire à abattant, en acajou, garni de
bronzes : sujet galant, sphinx, lions, palmettes.
Colonnettes aux angles, dessus de marbre blanc.
Fin du XVIIIe siècle.

255 — Chaise en bois peint gris, recouverte de
velours rouge.

256 — Commode Louis XV, à trois rangs de tiroirs,
en bois de placage, garnie de bronzes.

257 — Chaise-longue garnie, mais non couverte,
en acajou, décor de rubans et feuilles d'acanthe.
Style Louis XVI.

TAPISSERIES

258 — Suite de cinq tapisseries flamandes du XVIIe
siècle, tissées d'argent, sujets mythologiques;

fond de verdure, cours d'eau, habitations.

Hauteurs : 2 m. 60 cent.
Larg., 4 m. 65 cent.
Larg., 1 m. 70 cent.
Larg., 1 m. 55 cent.
Larg., 2 m.
Larg., 2 m. 75 cent.

259 — Tapisserie flamande du xvie siècle, à personnages, fond de paysage et habitations; bordures de fruits, fleurs et oiseaux.

Haut., 3 m.; larg., 3 m. 55 cent.

260 — Tapisserie du xviie siècle, à trois personnages; bordures simulant un cadre.

Haut., 2 m. 25 cent.; larg., 2 m. 10 cent.

261 — Fragment de tapisserie à personnages. Flandres. xvie siècle.

Haut., 2 m. 50 cent.; larg., 2 m. 10 cent.

262 — Deux portières provenant d'une même tapisserie du xviie siècle : guerriers; bordures à fleurs, fruits et figures mythologiques.

Haut., 3 m. 45 cent.; largeur totale, 2 m. 45 cent.

263 — Fragment de tapisserie à sujet pastoral, bordures haut et bas. xviiie siècle.